만인시인선 · 63

모호한 엔딩

반경 시집

모호한 엔딩

만인사

시인의 말

문명 이전, 문명 바깥을 섞어놓은 기억으로 산 반평생, 우선 머물 줄 아는 바람을 글 속에 담았다.

내가 행복해지는 이 연습이 계속되기를!
머리를 관통해 지난 마음의 흔적에 너무 얽매이지 말기를!
아직 태어나지 않은 좋은 시를 위하여 민낯으로 견디기를!

웃음이 지나간 자리,
울음이 지나간 자리마다
첫눈이 내렸다.

2017년 겨울
반경

차 례

3

차 례

1

발치拔齒

하필 딱, 그렇게
허름한 치과에서
경건한 할례처럼
두 번째로 사랑니를 뽑은 날
단둘이 저녁을 먹자고 한 당신은
아무 말 없이 키스도 없이
평소대로 내 집 방향으로 가는
지하철을 함께 타주었지만

당신과 함께 늙어갈 그림 속에
당신과 함께 흔들릴 취향에
나를 들일 수는 없는 거겠지

환승역이다
내리자
갈아 타자

이력서

빗속을 뚫는 고속버스

고르지 못한 빗방울들이
검은 유리창에 매달려
마지막 안간힘을 쓴다
수십 억 정자들의 싸움에서
선두에 섰던
탱탱함과 위용으로
힘껏 꼬리를
흔들어도

자꾸,

미
끄
러
지기만 한다

또, 제가 잘못했습니다

이별당한 내가 기어이 주문한
천국이 나왔다

매일매일 무릎을 꿇고
당신의 잔을 찬찬히 채우던 맑음이
더는 참지 못하고
죽을 것 같아 헤어진다는 글씨로 뾰족하게 눌린
종이 쪼가리 한 장에 치명상을 입고는
어디 한 곳은 검게 짓물렀을 나를 소독한다

계산된 노림수에
계산된 술에

울화통이 가스통을 짊어지는 대신
소중한 패를 들킨다

혀
—엘리베이터

문이 열립니다

앞서거나 혹은,
뒤에 서서
잘 꾸몄거나 혹은,
밋밋하게
누군가의 손을 잡았거나 혹은,
짐을 들었거나
이리 튀고 저리 튀며
일제히 얽혀 버린다

빨리 가는 거짓이나 천천히 오는 진실이 된다

문이 닫힙니다

꺼졌던 배가 소리를 싸악 가두고
생각 물어뜯기를 시작한다
예수도 아닌 것이 삼일 만에 부활하지는 않겠지

아직은 아쉬운 너를 차마 놓지 못하고
열등감을 털며 빨갛게 침묵할 뿐이다

그것을 입에 물고 내가 나를 묶었다

경로 이탈

언제나 그렇듯 최소 수치에 인생을 건

매끈한 다리를 꼰 여자가
지나친 화장으로 독이 올라 부은 얼굴을 하고
구겨진 번호표로 기다릴 때

입이 간지러운 선무당은
거북의 등껍질처럼 등에 딱 붙어 있다는 귀신의 은폐된 모습으로
매복을 한 채
고글고글한 폐어廢語를 신의 계시인 냥
한 소리 또 하고 한 소리 또 해도

그 여자는,
자발적인 노예가 되어 장바구니 가득
간판을 내리다 만 점괘를 주워 담는다

긴 걸음 맥도 못추는데

절뚝이는

붉은 깃대만 처연한 배웅을 한다

운수 좋은 날

십일 월 십일 일 열한 시 십일 분에
이별을 통보한 애인을 불러내어
차 안에서 살해한 기사를 보았다
혹자는 빼빼로데이 그 시간에 그런 문자를 보낸
여자를 탓하기도 하지만
특별한 날
여자가 자신에게는 자유를
남자에게는 구속에서의 탈출을 선물했다고도 하지만
남자가 집착이 강하고 살인 후 정상적인 생활을 한 점으로 보아
사이코패스일지도 모른다고 하기도 하지만
여자가 남자보는 눈이 없고 더불어 눈치코치도 없다고 하지만

그게 그런 게 아니란 걸 난 안다

살해당한 여자는 나였고
살해한 남자 역시 나였다

누구는 꿈에서
누구는 현실에서
누구는 망상에서
여자이고 남자이지만
여자와 남자는 자신인 줄 모른다

왁스냄새 분탕질하는 커피숍에서
캬라멜 마끼아또 거품을 핥다가
두 남녀를 보았다
다투는 것일까
여자는 토라진 모습으로 뒤돌아가고
남자는 망연한 표정이다

언젠가 저 남자도 나를 알아볼 테지
그때도 지금 나처럼
커피를 마시면서
거리에 서서 바람맞고 있는 나에게
머리를 끄덕여 줄까

계집아이가 무언가에 신이 난 듯
앙감질로 뛰어가고
풍경 같은 할머니가 유모차에 의지하여 지나간다

재개발 예정지

돌 몇 개쯤은 빠져도
무너지지는 않는다는 걸 알게 된 순간
오래된 돌담은 슬프다
그런 헛헛한 담을 지나 사람들이 떠나간다
언젠가는 돌아온다고들 하지만
회귀의 본능을 누르는 수저계급론
구멍 숭숭 뚫린 돌담을 두고
풀이 죽은 감나무
마지막 감 하나가 속살을 떠는 동안
달러 두둑한 지갑을 들고 온 노린내가
적갈색 화염 속에서
잔꾀를 태우고 있다

파수병

—졸면 죽는다

위협적인 눈길을 한 번 더 갈고리처럼 박고 떠나는 선임의 그림자에서 독립한 뒤,

삽입이 되지 않던 그날의 분노에 수면제를 먹이고
깊은 우물을 파내려 가듯 통과할 밤마다
쉼 없는 괴롭힘을 당하는 뼈와 근육

바람은 바람으로 어딘가에 있고
멈춰 선 시간만
졸음을 뒤집어 쓴 젊은 피를
내가 선 땅 위에
긴급 수혈한다

도도하게 튕기던 여자가
검은 땀에 젖었을 옷을 추스르고
바닥 밑에 또 바닥이 있을

내 머릿속에는 뇌 대신 음경이 숨어있다

툴툴거리며 들렀던 지옥이 잠을 깬다

홈쇼핑이 운다, 나는 저울질을 멈춘다

이걸 보면 이게 좋고
—구관모 초밀란은 건강보험이 필요 없다는데
저걸 보면 저게 좋아
—오쿠만 있으면 온갖 요리를 쉽게 한다는데
그네들이 그렇다 하면 그런 줄 알고
아니다 하면 아닌 줄 알지

옛날에도 그랬을 거야
아버지의 원수는 아들이, 스승의 원수는 제자가 복수하는 것이
평생의 과업이던 그런 시절에도
가끔은 별종마냥
정신줄 잡고 있는 아버지나 스승은 있었을 테지
복수심으로 평생을 사느니
악연의 업을 끊고 행복하길 바라는 마음이 없었기야 했겠어

—덤으로 준다네 유명 상표가 붙은 야한 속옷 한 벌을

돋보기 들이댄 명예보다 한 가닥의 털을 아까워할
그런 사람도 있긴 있었겠지

—택배 아저씨는 하루에 욕을 몇 번이나 뱉을까
하루만 팔딱거려도 열흘치 양식이 쌓이는데
시선을 묶어 두겠다고 활자를 확대시키는
저 환상 덩어리를 두고

모호한 엔딩

1. 독서실

누군가 묻기 전까지 원한이 늘어질 대로 늘어진 후드티,
재난에 익숙한 검은색 고무줄 바지,
쇼가 끝날 때까지 고집스런 문장으로 굳은 삼선 슬리퍼,
비슷한 미생들의 복장에
묘한 동지애를 느끼기도 하지만 소리에 민감한 종족들
답게 적막에 익숙하다

2. 식당

분침을 앞지르는 죄책감, 시침을 뒤따르는 후회
칠 벗겨진 의자에 걸친 호기심을 깐 엉덩이
맥 풀린 커피 잔에서 뒤섞이는 한숨
진화, 진화. 정규직 인류로의 진화

젓가락이 젖고 있다

3. 고시원

유적보다 공허한 동굴

벽에 걸린 검은 옷들을 제치고 형광등 스위치를 누르면
'번쩍'하고
욕이 켜진다

컵라면에 붙었던 강박이 꾸들꾸들 마르다가
닳은 참고서 난간에 드러눕는다

웅크린 채 고여 있는 새벽 두 시는
거꾸로 처박힌 잠 속에
또 하나 말뚝을 박고 있다

너울성파도

부모님 용돈 좀 받아써도 아무렇지도 않을
18세 어린학생의 최연소 공무원 합격 소식은
팽팽한 링 위에서 맞고 싸우다
누군가 하얀 수건을 던져줬으면 하는 순간에
그를 쫓아 간 바람이었을까

기쁘다고 꼭 웃어야 하나
슬프다고 꼭 울어야 하나

때맞춘 알람처럼
뒤꿈치를 든 파도에 밀려
서서히 발 밑이 무너지고
현실에 묶여 접어버린 꿈이 낭자하다

바다 위로
하얀 수건 걸친 밤이 우두둑 바람을 달고
넘어오고 있다

아침과의 불화

아침에 순응하기란 쉬운 일이 아니다

눈 부릅뜨고 깨어, 그 눈빛 끝에 시퍼렇게 살아 있자고
세 개씩이나 맞춰 논 알람을
꽁꽁 누른다

신경을 잘라내듯
검푸른 목젖을 지나는 커피 첫 모금의
완전한 약발

푸석한 현관문을 열고
나른하게 남은 잠을
밀어내면서 허용되는 만큼만
아침을 수용한다

2

마침표 말고 쉼표

1인칭 주인공 시점으로 읊조려 논
낮고 건조한 이야기가 주눅들어 누워 있다
한참을 쓰다가 마음에 걸렸는지
밑줄 죽죽 긋고 다시 쓴
이야기가 몸을 일으켜 끝내달라 애원한다
날 세운 목소리를 어쩌지 못해
불려 나온 글들을 쓰다듬다가
선명한 잉크로 눌러 찍었던 마침표를 돌려놓는다

사라질까 두려워 휴식하는 한밤중,

필사筆寫

따져보면,
어쩌다 혼자 있는 시간을 얻어
풀풀 날렸던 마음을 접고
좋은 글 한 자락 남긴 사람의 삶을 읽으며
그의 삶으로 들어가는 일보다
소중한 것은 없는 거야
돌아서면 잊어버리는 박약한 기억들을 붙잡고
기억을 복원하다보면
머리보다 손을 먼저 믿게 되는 거야
쫓길 필요도 없는
자투리 시간을 묶어
하염없이 쓰면서 곱씹는 글귀마다
느리게 일어서는 뭉클한 새벽빛을 만난다는 것은
고작 한 자루의 펜을 드는 일인 거야

어떤 붓질

생긴 대로 그릴 것인가
성형으로 그릴 것인가
얼굴을 그릴 것인가
마음을 그릴 것인가

교묘한 우월감과 절묘한 솜씨 사이에서
줄다리기를 시작한다

쪽잠

흐린 날엔
보이는 모든 것이
끙끙 앓는다

크게 소리 내지도 않고
숨죽이지도 않으면서
온몸을 뒤틀고 있다

나조차
눈이 무거워
세상을 비비다보면
구멍 뚫린 마음에 갇혀 버린 추억들

깨진 햇볕 한 가닥과
금이 간 바람 한 줌이
얄팍하게 교미하다
엎드려 졸고 있다

이 편지는 너무 길어서

아무도 봐 주지 않을 화장을 하고
다리 난간에 한참을 멈춰 서 있던 여자가
하이힐을 벗는 동안
선뜻 몸 섞지도 않을 거면서 봄을 건드리는 겨울
시간이 지나도 잊히지 않는 기억들을 끌어안고
뒷걸음치는 마침표

놀란 봄이, 연하게 피던 꽃이
강물로 떨어진다

느린 엽서

1

디퍽디퍽 풀리는 온몸
코 속으로 들어 온 기름내
입가에 조소를 걸고 의자에 앉아 생명의 꽁초 한 모금을 빠는데
천 년이 지나간다

붙박이장으로 멈춰 있는 시간을 움직여
선반에서 내려 온 모나리자와 눈을 맞추다
고흐의 해바라기 대를 잘라 굽어진 오랜 등뼈를 갈아 끼운다

이젠
뭘,
하지

게으름이 마마 돋듯하고
턱 밑까지 차오른 나이로 길고 출렁이는 삶을 잘근잘

근 씹어
　간지러운 그림이나 그려볼까

2

러시아 설원 속의 자작나무는 있어야 할 풍경처럼 기억되는데, 일없을 때 찾아가는 산책로 옆 완만한 구릉에 몇 그루 수피가 흰 그 나무는 찢어진 비닐이 바람에 나부끼는 것 같습니다.

우수가 지났으니 봄이 온 거나 매 한가지겠지요.

어느 해 이월, 심하게 불던 바람이 잦아지던 오후에 당신과 잔설이 남아있던 천변과 골짜기를 쏘다닌 적이 있었습니다.

무슨 말을 했던지는 조금도 생각나지 않고 기억은 제각각이라 다른 추억을 품고 있을지도 모르지만 햇살을 받고도 차갑게 보이던 돌과, 밟으면 퍼석 으깨지던 흰 눈은 겨울만 되면 머릿속에 자리합니다.

3

침침한 비가 내리는 저녁
난로 위의 주전자에선 가래 끓는 소리가 나고
녹이 낀 창문 안으로
송기처럼 마른 손목 닮은 붓 끝은
실지렁이로 몸을 움직여 통간을 시작한다

귀르가즘

귀는 혀의 습격을 피하지 못 한다
도도하게 튕기듯 당기는 혓바닥에 말려들어가
벌겋게 익은 귀뿌리를 파고들었을 연음延音에 말랑거리다
지퍼 연 비밀을 뭉텅 받아먹는다

입김, 콧김을 보태 날름거리던 혀에 허겁지겁 몰리던
내 두 귀가
미열을 앓는 사이

속을 태우던
고흐가 왼쪽 귀를 자르고

수상한 별들은 밤하늘을 노랗게 자르고

방석 하나를 옮기는 일

1
맑은 수정과에 은근슬쩍 뛰어 든
썩은 잣 몇 알처럼
헛말만 살살 끌어다 쓴 시가 외로울 때

가부좌 틀고 앉은 당신 앞에
방석 하나를 내밀듯
쪼그라드는 심장 견디며 원고를 들이민다

새순을 받으려고 얼굴로 몰리는 피

빈 말이라도 칭찬이 안 나오는
당신의 맵고 따뜻한 침묵
빨간 줄만 그인 시

시는 암내 제거를 끝내고도
꿰맨 상처 밑에 탄알 조각을 남긴 듯
뾰족뾰족하다

2

빛이 드는 자리마다
병살타로 처리됐던
방석을 옮기면
눈 좀 뜬 시끼리 만나
깍짓손
두근두근,

시인詩人, 시인是認

시를 위해서라면,
고급 승용차의 뒷좌석을 버리고
서울 가신 오빠 생각도 버리고
낙지처럼 낭창낭창한 애교도 버리고
아홉 번 이사할 동안
얕보이고 싶지 않아 꾸역꾸역 챙겼던
겉장만 두꺼운 서적들도 버리고
인연의 끈을 잘라 커튼을 치고
앉은뱅이책상을 들여놓고
어설픈 결가부좌를 한 채
모나미 볼펜을 돌려가며
손톱보다 작은 달을 노려보았다
생각한다는 것조차 잊을 만큼
방 안 가득 무덤으로 수없이 뜨고 졌을 폐지가
기어코 달을 가렸다
마음에 깊은 우물을 파내려 가듯
몸이 글을 밀고 나갈 때쯤이면
초승달처럼 배가 고파진 시를 일으켜 세웠다

시에 사로잡힌 내가
시를 위해서라면,

과속방지턱

제3공화국 시대 카이젤 수염이 멋들어진 김 모 의원은
수많은 염문으로 이름을 날렸지만
그 당시 성도덕이야 여자에게만 엄격했지
남자들이야 뭐 그랬나
시대는 변하는 거지

육첩방 남의 나라에서
비 오는 소리를 들으면서 쉽게 쓰여 진 시*에
죄스러움 느끼던 영혼도 과거엔 있었다고 하지만

신년 아침마다 신문을 들여다보는 나는
참담한 심정 이루 말할 수 없지
신춘문예 시들은 하나같이 어려워
어떤 시에선
제풀에 지쳐 읽기를 포기하기도 하고
상징의 넘사벽 같은 시에선
내가 이렇게도 무지한가 푸념이 절로 나니
심사위원들이 인물은 인물인가 봐

그런 시들에서 발전 가능성을 찾고
상징의 압축이 주는 묘미에 반하기도 한다니

나 같은 사람이 이날 이적까지 살아온 게
용하고 대견하다는 생각이 절로 들면서
그저 책장에 꽂힌 곰팡내 얇게 밴 문고판 시집에서나
위안을 찾을 밖에

송사宋詞를 찾고 당시唐詩를 읽어보면
마음에 그냥 와 닿는데
훈민정음 스물여덟 자 나라글은 왜 이리도 어려워
가나다 싹 어린 것들 꿈도 꾸기 전에
나침반 없이 정글을 헤매는 느낌이 드는 걸까

시간이 흐르기도 흘렀지
송나라는 언제적 이야기며 당나라는 언제적 일이라고
요즘도 당나라 군대야 있지만 그게 그 당은 아니지
않나

불과 사오십년 전 그때의 성도덕과 지금의 성도덕이 천양지차이듯

잎새에 이는 바람에도 괴로워했던** 시대를
함께 앓던 시인과
지금이야 같을 수 있을런가

기대는 해 본다
신년 아침 밥 한 순갈 입에 넣으면서
잉크냄새 신선한
조간신문을 들여다보고
나 정도의 수준으로 낮아진 시들을 만나는 날들을
읽고, 말하고, 쓸 줄 아는 나에게 딱 맞는 글들을

---

*, **윤동주의 시에서 차용.

만년필이거나 조바심이거나

친한 친구가 좋은 글 쓰라며 내밀었던 만년필 한 자루 그때의 그 감격 잊지 못해 나도 누군가에게 그런 기쁨을 주리라 생각하고 해외 여행할 때 사 두었던 만년필 세 자루 어느새 두 놈은 주인을 찾아 갔고 남은 하나는 몇 번의 울컥함을 삼키고 일어설 사람을 기다리며 어두운 서랍 속에서 잠을 자고 있다 혹여 흠집이라도 날까 포장 째 꺼내 보는 날이면 내 안의 마음을 굽어보며 그날의 빚을 앓게 된다 아침 출근길 이제 막 미라의 끈을 풀고 달려 와 밤을 홀딱 지새운 희소식 하나가 등기 처리된 주소를 달고 직립直立으로 있었다

3

꽃도 성깔대로 핀다

외따로 앉은 꽃잎 하나

보풀이 헤실헤실한 햇빛에 웅크리다

붉은 빛을 잃었다

우연찮게 일어선 회오리바람에 양심껏 도발한다

바람의 행방을 놓친 꽃잎의 향기가 힘들어졌다

물집 없는 손길로도 붙들어 둘 도리가 없다

성깔이 숨은 그대로 파문이다

부끄러움에 한 번 울고 난 날

강물이 일렁임도 없이 함께 야위어 간다

네잎클로버

내가 망설임을 간신히 누르고
그에게 한 손을 내밀었을 때
그는 긴 속눈썹으로 수줍음을 밀어내면서
나에게 싱그러운 오월을 안겨주었다

어느 날 갑자기
그와 나의 오솔길이 막히고
절망의 강물도 바닥이 났지만
그는 간간 꿈 속에 와
내 기억의 텃논에
실미나리 같은 무지개를 띄우곤 했었다

시간이 발목을 잡는
세월의 책장을 넘기다보면
탯줄처럼 말라 있는
네잎클로버 한 장

다만 믿을 수 있는 것은

한 움큼씩 달빛을 마셔가며
소담한 이야기만 골라주던
그의 나긋한 볼웃음과
큰 눈망울뿐이다

여태껏 깨어나고 있던 그는
내 가슴에
호젓한 시로 살고 있었다

분홍낮달맞이꽃

결정적으로 그녀는, 안면마비증으로 웃지 못하게 되었다 얼굴의 수축이 적어지는 여름 조그만 옷가게를 열었다 가게 간판에, 입구에, 매장 안 구석구석에 눈웃음 치는 그림을 붙여 놓고서도 안심이 되지 않았던 그녀는 속앓이를 대신할 다른 구실을 찾기도 전에 손님들을 맞이하게 되었다

한 달이 지나자 맞이할 손님이 없었다 가만히 있는 시간이 늘어날수록 늦은 밤까지 가게를 지켰다 떨어지는 눈물도 가게를 지켰다 테를 두른 얼굴의 사슬은 더 단단해지고 그녀 혼자 사는 섬처럼 누구도 선뜻 발을 들이지 않았다

여름을 꼼꼼히 시침질했던 열대야가 닭 울음소리 길게 뽑아내는 아침을 따라오다 여우비 후다닥 지나간 하늘에 발간 실핏줄을 드러내며 낮달이 떴다 정말, 낮달이 운명처럼 가게문을 두드렸다 그녀는 생각보다 어려운 목줄을 풀고 숨 가삐 읽어 낸 달빛에 깃들었다 하늘에

꼬드긴 것일까 하늘을 추천하는 사이, 그녀만 몰랐던
수줍은 웃음을 사방에 펼쳤다

낮달이 뽀얗게 웃었다

땡삐

소나기 화들짝 내려
잇몸 열어젖힌 숲이 깔끔하게 목욕한 뒷날

닫혔던 문짝을 뚫고
쪼개지고 쪼개져 원자화된 몸으로
성질도 부리고 고집도 부리다가
빈 술병을 흔들며
껍데기에 환장했던
머리에
따끔한 침을 심는다

홀로 벽을 세워 스스로를 가두었던
압축파일을 풀어
반짝이고, 말랑거리며 늘어졌다가
모래에 맨머리를 박은 듯 마지막 접신이 돌아난다

다림질 잘된 교양으로 평생을 깨물었던
눈물이

주름만 가혹한 미간 사이로
예민하게 번지고 있다

쌍년 서사敍事

늦감자를 캐던 고랑 밑으로
어둠이 지린 정액에 자리를 잡힌 후
비대해진 아랫배로 살아 온
정—신대 여사의,
불쑥 빼물었던 한 마디가 불을 붙이고
무수한 소문을 열어 놓았다고 했다
댓잎 낱낱이 앉았던 가벼운 혀는
동여매다 만 천둥이 되었다고 했다
뒤척였을 입이 풀리고
본능적으로 펼쳐든 빨간 보자기는
천천히 방향을 틀었다고 했다
쇠꼬챙이 꽂은 시선이 간지러워
고개를 푹 꺾으며
슬픔의 빈 터에서
족제비처럼 숨어살았다고 했다

진심은 깊고
발가락이 고운 그녀는

헤엄을 못 쳤다고 한다
포기하듯 방치해 둔
쌍시옷 두 음절을 삼킨 뒤
기어이
난달이 되었다고 한다

딴청
—술래에게

그를 찾고 싶은데 찾을 수가 없다고 했나요
그래서 밤마다 잠자리가 축축하다고 했나요
술래가 되어 이리저리 뛰어 봐도
머리카락 한 올 찾지 못하는 절벽이라 했나요
때론, 깜빡이도 안 켜고 훅 치고 들어오는 폭주족처럼
당황스런 것들에 자지러진다 했나요
천국이 쉽게 자리를 내 줄지도 걱정이라 했나요

당장은 보이지 않지만 없는 게 아니라고
당신이 다 자라면
꼭꼭 숨은 그가
거추장스런 옷가지를 벗어 버리고
당신 앞에 태연히 나타날 거라고
누가 그랬나요

바람의 속말

화장터에서는
고작 몇 줌의 재로 남을 뼈
그게 뭐라고 평생을 감싸기만 하다가
팥죽색 진물이 터지기 시작하자
스스로 형체를 지운 살
그것을
하얗게 받으며
팔랑이는 저녁 강가와
물장구치는 아이들 머리맡에 앉은
이야기 몇 가닥

살은
훅, 가버린 게 결코 아니지

신처용가新處容歌

(원앙금침 놓인 자리 다리가 넷이어라
둘은 내해엇고 둘은 뉘해언고)
첫눈에 반했을까 시험에 들었을까
등허리 서늘한 기운, 내 뺨 후려칠 듯 혹독한 새벽
빼앗긴 걸 어찌하나 가슴만 헤집다가
선잠에서 깨어나 깜빡이는 한숨 결 때
303호 신혼부부의 날카로운 말다툼
바늘 몇 개가 날아 와 가슴을 콕콕 찌르는 듯
나조차 내려앉는 헐고 곪은 어깻죽지

퇴근길 종종걸음으로 두 아이를 업고 안는다
헤실바실 잠드는 아이 입에선 약냄새가 노랗게 올라오는데
아내와 나 사이 딴청만 둔 채
손톱을 깎아내 듯 차마 못 떨칠 정
그거 다,
지켜보면서
그거 다, 떠나보내면서

천년 세월 저 편의 신처용이 되어
파멸되는 지위 앞에 내 속만 긁어가며
내다 버린 두려움 만나 어릿어릿 울다 말다

노여움 내려놓으며
압축된 삶을 버리듯
변기를 내린다

황진이의 동짓달

솟구치던 물이 말라 발갛게
헤집다 만
옛날을 쓸고 앉은 뜬구름 같은 이야기
소문만
우수수 살아 외딴 섬을 만든다

서성이다 돌아간 벽계수, 약속 잊은 소세양
갈증 달래며 뒤늦게 찾아 온 백호까지
몇 번씩 들었다 놓으며
산만한 들숨날숨으로 물맛이 일어선다

살이 터져
혼이 터져
매독에 걸려가며 회오리 쳤던 사랑
길 잃은 추억도
열두 폭 치마로 덮은 첫눈이
수줍던 날
긴 밤

지새우던 옹달샘, 사람을 가릴까마는

황진이 심장에 고였던 쪽빛 설렘만
사랑의 촉을 틔운 후
오랜 걸음 걷는다

언젠가 은행나무로

여여如如한 길에 대한 단 하나의 긍지
뿌리는 강력한 박동으로 은밀한 성장을 계속한다

별과 별 사이
아이들이 날리는 오줌발 타고
꽈배기처럼 솟아오르는
색깔, 선, 옹이, 냄새

나는 다 부었다
나는 다 받았다

내 속을 지나며
수런거리다 굳어버린 수천, 수만 개의 혀
잔가지들이 뒤얽힌 곳에
내려앉은 새들의 날개

긴 잠이 심심하여 웃음과 눈물 만드는
마술적인 위력을 펼치다

비틀거리는 노래에 춤 좀 까딱까딱 춰 주면
왠지 따끔하다는 바람결 덕분에
혼자만,
위로받는 역사로 서 있다

다시 젊은 나, 아우라지역

앞을 봐도 첩첩
옆을 봐도 첩첩
굿판을 접은 마당처럼
허기를 참지 못해 천형인 듯 산을 이고 있지만
높이를 가리지 않는 안개만 뭉텅이로 쏟아져 바위가 되고
때론 낱낱이 흩어져 자유를 푼다

홀로 자리에 누워 속눈을 뜬 채
나도 나를 만나고
그대도 그대를 만나고
이곳을 돌고 돌아 다시 내게로

그때는 꿈이 멀리 있어
마음을 못다 준 꽃들
머물 수 있는 만큼 머물다
사랑, 그 뒤편을 돌려서
여린 꽃 앙다문 입술을 열게 한

봄비만
조금 일찍 울었다

방아다리약수

오대산 언저리
방아를 찧다가 갈라진 바위틈으로
콧대 세워 솟는 물이 있다더라

손때 묻은 바위 밑 태반胎盤이 살아나면
자부심 담은 물 한 잔
톡 쏘는 섹시함으로
입안에 흘러들어
화기를 잠재우고 아랫도리 힘도 올려
정월의 한기도 따습게 논다더라

좀처럼 빗장을 풀지 않던 바람도
꼬투리 뗀 염원을 담고 만들어진
돌탑 주위를
별처럼 깔려서 휘돌고 있다더라

그냥 척
그냥 척, 휘돌고 있다더라

꽁치구이

부억문을 나선
노릇노릇한 냄새
고무래질하는 아버지 콧속으로
노름노름 들어가면
꽃소금 핀 묵은 노동이
굽은 등을 일으켜
조용히 손 씻는 저녁

4

소각장에서

'관계자 외 출입금지'
팻말을 밀어 젖히고
눈길 피하는 그곳으로 들어 가

말할 곳이 없어 썩어버린 진심,
헌책 모퉁이에 매달렸던 생각 한 조각,
뒤집어 보면 자잘한 것들을
바글바글 태우다보면

재에 묻혔던 불씨가
상실될 시간의 마디마다 잠복기를 거치고
일상의 결마다 스며들었던
살을 헐고
키를 낮춰 눕는다

인지부조화

아이들의 그림 속엔 언제나 해가 떠 있다

나무가 있고 창문이 달린 집이 있고 사람들은 웃고 있다

이발소에 걸린 달력이나 풍경화 속 그림 같은 집보다 더, 그림 같은 그림을 아이들은 그려낼 줄 안다

그런데 그 아이들이 사는 집은 아귀가 딱 맞게 만들어진 고층 아파트다

에어컨이 내는 가벼운 신음소리를 들으며 마음 곳곳 울타리 친 어른들은 계산기를 두드리고

아이들은 36색 크레파스를 머리맡에 둔 채 분홍을 칠할까 파랑을 칠할까 고민한다

분홍과 파랑 사이에서 갈등하는 것은 아이들만이 아

니다

내 머릿속에서, 내 마음속에서 한 바퀴 돌아 온 위태로운 교차

두려움의 가시를 뺀 아이들의 조막만한 웃음소리가 그림 속으로 들어가고

보이지 않는 발들에 밟힌 그림만 종일 온몸을 뒤집고 있다

아홉수와 삼재 사이

기억의 뒤를 밟아보았다

파랑새만 쫓아다니다
곰팡이 포자胞子처럼 스며든
뭔가 밀리고 있다는 스멀거림
그 밑에
바짝 서는 촉

아아, 붉게 충혈되는 눈자위
인적이 드문 골목에 들어가 눈물을 훔쳤다

때 묻은 안대가 부끄럽지 않게
때 이른 눈은 쉴 새 없이 내리고
보자기에 묶여 있던 생각을 풀어보니

전부, 너였다
너 때문이었다

K다방

K다방에서는 늘 커피보다 미스 김이 우아하게 등장한다

커피 한 잔을 주문하면
그 향기가 코에 다가서기도 전에 미스 김의 살내음이 코와 혀를 마비시킨다

K다방에서는
물이 탁해 물고기도 모로 누운 수족관조차
직육면체의 엇갈린 눈으로
미스 김의 엉덩이를 흔든다

K다방에서는
커피 한 잔에
여섯 명의 미스 김이 나를 조여온다

편식

몰랐어
어릴 땐 음식투정을 했고
다 자라선 마음을 가린다는 걸

고마워서 미안해서
다 주지도 다 받지도 못하는
밥 한 끼 같이 먹는 마음의 두께를
날마다 생각했어

보고 싶은 대로 보고
듣고 싶은 대로 듣는 그네들과
구색을 맞춘 한 끼를
다그치듯 삼킨 뒤

다음에 또 보자는
꼬랑지 말 서둘러 뱉고
입 닦은 냅킨을 구겨서 버릴 때 마다
태만하게 몸짓 불린 인맥을 반성했어

골라 먹고
골라 만나는 게
잘못이 아닌데도
게워내고 토해내면서
며칠 씩
앓아눕곤 했어

오늘밤도
낙엽보다 외로운
밥 한 끼의
매정함이
베갯머리에 들러붙어
체함을 견디고 있어

누가 기침을 하였는가

마주칠 때마다 화가 나 있던 얼굴
잔정을 모르던 당신이었죠
남의 땅 따먹으려 혈안이 되어서
됫병 소주 거른 날 없었던 당신이었죠
굵은 빗줄기로 휘몰아치고 날카로운 번개로 후려치며
타박만하던 당신이었죠
때로는 수증기로 가득 찬 허름한 국수집 문을 닫아 건
음탕한 여왕의 강보에 쌓였다가 뒷문으로 숨어들었던
당신이었죠

앓아누운 입술로
곡기를 끊고도
너무 먼 곳으로는 가지 않으려는 듯
노을 지는 하늘로만 눈길 주었던
당신이었죠

새로 지은 집에 문패를 달던 날
숱하게 창문을 넘던 바람 소리는

그림자 지운 아버지,
당신이었죠

어머님은 짜장면을 싫어하셨어

누군가 자본주의의 끝을 물어오면
폭설은 쌓이고
켜진 텔레비전의 흑백 영상이
방 안의 어둠을 흔들던 기억으로 간다

긴 겨울 끝을 누르고 있던
참 많은 소리들이 깨어나 요란을 떨던 아침이 오면
먼지이불을 들추며
한꺼번에 말을 걸어오는
바삭한 사랑

야속하게도 시간은 우리 편이 아니다

침침하고 뻑뻑한
어머니의 눈길이 독식하듯
먼 산에 걸터앉았다

늑골이 깊어지는 시간

뒷산이 아침부터 진액을 쏟았다

듣는 이 있든 없든
보는 이 있든 없든
아직은 쓸쓸하지 않다는
고목들의 수다에 묻힌 늦가을이
벌겋게 달아올랐다
덩달아 끌려온 서리는
조금은 고독해진
목덜미를 쓸어내리다
오밀조밀했던 마음에
숭숭한 구멍 하나를 보태고
까무룩 잠이 든 노을 뒤로

까맣게 갇히는 폐경을 달랬다

오픈합니다

구레나룻을 밀어 본 사람들은 안다
능숙하게 손을 놀려도
배꼽 허옇게 내놓고 드러누운
얄팍하게 패인
오차 범위를 벗어난
낫낫한 괴로움 한 절을

완벽과 폼나는 일에 내몰려
생각 없이 잘라 버렸던
영혼 밥을 온전히 쓸어 모은 뒤
위태로운 휘장에
매달린
껍질의 광택에 열중하다가

녹슨 몸 뒤로
달큼한 기대를 발라 각을 잡아가면서
헛바람을 막아 선 대범한 붓질 한 번에
목울대 타고 내려가는 차가운 애절함과

닫아걸었던 분열을
새로 연다

눈알이 터지지 않는 한
두 팔을 가위자로 흔들며
귀신이라도 붙잡아 값을 매기는
바늘 같은 속살을 파닥일 것이다

태연히,

벽
—투병기

방안의 벽은 젖어가고 있다
주황색 내장을 토해내는 전등 아래
욕망이 서까래까지 밴 체기가 상주하고
심장의 쪼그라듦을 견딜 수 없어
머리숱 뭉텅이를 훑는데
전에 없던 폭설이 내린다

그녀의 생체분자는 육각수를 좋아했다
그녀의 부드러운 속살과 똬리를 튼 탄드라적 희열
어릴 적 빼앗긴 사탕에 얼마나 슬펐었는지
(그 가루약은 표 나게 진달래 색이었다)
정신이 하얗게 말라 들어가고
영혼의 임시주택
문이 열리면
그녀만 아는 기억을 풀어 머리맡에 피를 쏟았다

보이지 않는 이 벽은 미닫이일까 여닫이일까
밀고 들어가면 삶의 끝이 출발선보다 가까울듯싶어

남아있는 통장의 잔고 확인하다
긁지 않은 복권을 구겨 쥔 채
태곳적 눈을 본다

창세기 이후 죄를 짓는 것은 항상 여자라,
창세기 이후 죄를 짓는 것은 항상 여자라,
창세기 이후 죄를 짓는 것은 항상
여자라,
문을 열면 차례로 뛰어내리는 고까운 눈초리 위에
11월 중순 폭설이 쌓인다

태엽을 감아주고 싶은 인형

세포분열 된 이삿짐을 싸는데
누군가 머리에 칩을 심은 듯
너끈히 뒤집히는 기억

당신의 다음 쇼를 기대합니다!

또릿또릿 눈을 뜨고
나를 희롱하는 납인형

곧게 뻗은 척추
탄탄한 가슴과 나풀거리는 옆구리 살
그 사이로 삐죽이 나온
내밀한 도발,

날조된 만남으로 전율하던 발끝은
시간을 풀면서 또박또박 흘러간다

아내의 화를 내가 대신 먹는 저녁.

섬

밀실 하나 떠다닌다

몰인정한 차 한 대가 강아지를 친 새벽
깨갱,
꺼져가는 눈길로 차 꽁무니만 쳐다보는데
경적이 없는 도로는 기적 같다

길가의 가게들이 고통 총량을 계산할 듯
염치를 입김으로 토해내며 불을 켜고
몇 개의 점처럼 사람들이 지나간다

구정물을 휘저은 잔해들 속에서
바짝 선 신경이 표면에 떠오른다

풋술

밤중에 구두 발갛게 닦아 놓고서
절구질하던 토끼도 떠나 버린 달을 낚아 채
약간의 시간과 정성 들여 대청소를 했다

삶의 뒤편을 돌려 돋보기를 들이대도
장기 투숙하던 그대,
나를 두고 돌아 서 성벽처럼 등을 보였다
꽁무니를 보이며 출발해 버리는 버스
남자가 주는 이별에
오도가도 못 하고
배시시 웃다가
이어진 길마다 추억이 흐르게
전봇대 하나 심어놓고
꽃등을 달았다
그리고 술에 감겼다

갑작스런 비가
잔소리를 쏟는다

선택적 사시斜視

내 젊은 애인은
아리따운 여자만 보면
눈이 돌아가
외면하는 과녁에 활시위 당긴 후
작살을 내고야 만다
그럴 때마다 벌어진 틈이 벅차서 나를 꺼내버리면
그는 엇박자 웃음을 흔들며 놓은 혼쭐보다
미리 나를 안아준다

내 가슴은 또 쥐가 오른다

| 시인의 산문 |

단단한 위로를 위하여

*

늘 목이 말랐었다. 이제야 시원하고 깨끗한 샘물 한 잔을 마신 기분이다. 그리고 그 시원하고 깨끗한 샘물이 담겨 있는 바가지를 옆 사람에게, 또 그 옆 사람에게 건네줄 여유를 찾았다.

*

시는 춤이다. 작가도 춤추고 독자도 춤추게 한다. 춤을 잘 추기 위해서는 저절로 나오는 흥에 몸을 맡기며 나만의 필feel을 찾아야 한다. 지속적인 스트레칭으로 몸을 유연하게 만들어야 한다. 몸이 리듬과 박자에 익숙해질 때까지 연습해야 한다. 무엇보다 사람들의 시선을 이겨내는 자신감을 가지는 게 중요하다.

이런 공통의 기본기와 연습을 바탕으로 시는 언어로, 춤은 육체로 어딘가를 향해 가는 것은 결코 아니다. 그 둘은 하나의 황홀한 선택, 생명의 충일감을 목적으로

하는 것이다.

춤과 시는 숨겨져 있던 삶의 의미를 스스로 드러나게 하며 자연과 생명에 대한 깊은 공감을 각각 다른 방식으로 표현한다. 내딛고 멈추고, 풀어주고 비틀고, 흔들고 끌어 모으고, 들이키고 내뱉고, 손끝으로 꽃잎을 뚝뚝 떨어뜨리다 주저앉는다. 그리고 땀을 닦는다.

시인이나 춤꾼이 터트린 내부를 보며 달려드는 타인들을 책임질 필요는 없다. 그러나 마지막 순간까지 독자들을, 관객들을 끌어안아야 할 의무는 있다.

춤은 몸으로 쓰는 시다. 시는 마음으로 추는 춤이다.

*

밝고 따뜻한 시를 쓰고 싶었다. 현실과 사회를 무시한 시를 쓸 공력은 없고 그것들을 무시하지 않으려니 어둡고 아픈 시가 되었다. 특히 이 시대를 살아가는 젊은이들의 고단함은 곧 깨질 것 같은 살얼음이다. 『아프니까 청춘이다』란 책도 있지만 아파도 너무 아픈 청춘들이 내 아이들이고, 내 이웃이고, 내 미래인 것이 눈물겹다.

'아프면 병원 가야지, 아프면 쉬어야지'하면서도 가죽채찍을 들고 몰아붙이는 서러운 시간을 절망한다.

자꾸만 엎드려 비는 시를 쓰게 되는 이유다.

*

쪽창을 비스듬히 열어놓고 느리게 때로는 급박하게 결합한 말들을 걸쳐 놓는다. 창가에 머물거나 다녀가는 많은 것들, 햇빛, 바람, 비, 어둠, 적막, 새소리, 구름 혹은 한 무리의 개미떼들을 열어놓은 창문으로 불러들인다. 어느 허름한 구석을 떠도는 일보다 나의 환대를 받는다는 것을 고마워하는 모습에 한 번 더 눈길을 보낸다.

좋아서 쓸 때와 이름표를 달고 쓸 때, 시의 차이점은 의외로 '환장하겠다'에 집결된다. 이상하게 거저 얻었다는 느낌이 오는 시를 쓰고 나면 가까스로 단 시인이라는 이름표 앞에서 기꺼이 가짜라고 고백한다. 양심 고백하는 것이 시는 아닐지라도 미완된 시들을 넘겨놓고 독자에게 완결을 바라는 이기주의는 나부터도 싫다.

덧창을 단다. 삭제 버튼이 최대한 많이 사용된 내 시가 무거운 까닭은 무작정 섞은 낯선 피 때문이다. 깊은 고뇌에서 방금 빠져 나온 듯 도금까지 입히고, 자칭 전문가라는 사람들의 서평을 의식한 시가 무겁지 않으면 오히려 이상할 지경이다.

웅변보다 말이, 말보다 글이, 글보다 침묵이, 침묵보다 죽음에서 외려 깨끗한 시가 올라오리라 기대는 해 본다.

찬바람을 핑계 삼아, 열어 놓았던 쪽창과 새로 단 덧

창을 닫는다. 역시 제일 잔인한 것은 잇속을 따지다 밤이 와도 잠을 눕히지 못한다는 사실이다.

*

첫 걸음 내딛는 오늘을 평생 고맙게 간직할 것이다. 깊고 얕은 고달픔을 삼키거나 이겨낸 흔적을 지적 성형이라 명명한다. 힘을 가진 사람들보다 글 잘 쓰는 사람들이 더 절실한 요즘이다.

시는 그래서 단단한 위로다.

만인시인선 63
모호한 엔딩

초판 인쇄 2017년 11월 25일
초판 발행 2017년 11월 30일

지은이 / 반 경
펴낸이 / 박 진 환

펴낸 곳 / 만인사
출판등록 / 1996년 4월 20일 제03-01-306호
주소 / 41960 대구광역시 중구 명륜로 116
전화 / (053)422-0550
팩스 / (053)426-9543
전자우편 / maninsa@hanmail.net
홈페이지 / www.maninsa.co.kr

ISBN 978-89-6349-109-7 03810

값 9,000원

* 이 도서의 국립중앙도서관 출판시도서목록(CIP)은 서지정보유통지원시스템 홈페이지(http://seoji.nl.go.kr)와 국가자료공동목록시스템(http://www.nl.go.kr/kolisnet)에서 이용하실 수 있습니다(CIP제어번호 : CIP2017031256).

* 이 책은 2017 경상북도 문예진흥기금 지원으로 출간되었습니다.

만 / 인 / 시 / 인 / 선

1. **이하석** 시집 | 高靈을 그리다
2. **박주일** 시집 | 물빛, 그 영원
3. **이동순** 시집 | 기차는 달린다
4. **박진형** 시집 | 풀밭의 담론
5. **이정환** 시집 | 원에 관하여
6. **김선굉** 시집 | 철학하는 엘리베이터
7. **박기섭** 시집 | 하늘에 밑줄이나 긋고
8. **오늘의 시 동인** | 「오늘의 시」 자선집
9. **권국명** 시집 | 으능나무 금빛 몸
10. **문무학** 시집 | 풀을 읽다
11. **황명자** 시집 | 귀단지
12. **조두섭** 시집 | 망치로 고요를 펴다
13. **윤희수** 시집 | 풍경의 틈
14. **장하빈** 시집 | 비, 혹은 얼룩말
15. **이종문** 시집 | 봄날도 환한 봄날
16. **박상옥** 시집 | 허전한 인사
17. **박진형** 시집 | 너를 숨쉰다
18. **정유정** 시집 | 보석을 사면 캄캄해진다
19. **송진환** 시집 | 조롱당하다
20. **권국명** 시집 | 초록 교신
21. **김기연** 시집 | 소리에 젖다
22. **송광순** 시집 | 나는 목수다
23. **김세진** 시집 | 점자블록
24. **박상봉** 시집 | 카페 물땡땡
25. **조행자** 시집 | 지금은 3시
26. **박기섭** 시집 | 엮음 愁心歌
27. **제이슨** 시집 | 테이블 전쟁
28. **김현옥** 시집 | 언더그라운드
29. **노태맹** 시집 | 푸른 염소를 부르다
30. **이하석 외** | 오리 시집